AF460557

SALON DE 1859.

INDISCRÉTIONS

PAR

J.-H. DUVIVIER.

PARIS

DENTU, LIBRAIRE-ÉDITEUR,

PALAIS-ROYAL, GALERIE D'ORLÉANS, 13.

1859

9467

TYPOGRAPHIE HENNUYER, RUE DU BOULEVARD, 7. BATIGNOLLES.
(Boulevard extérieur de Paris.)

SALON DE 1859.

INDISCRÉTIONS.

Chaque chose rentrant présentement dans le devoir, l'année dernière c'était le printemps — le vrai — qui venait reprendre place entre les signes du Bélier et du Cancer ; cette année, c'est l'Exposition des beaux-arts qui revient s'installer en avril sous le signe du Taureau et sous la constellation de l'Institut.

C'est le retour définitif au bon vieil état des choses.

Le moment actuel est donc celui de l'attente. A l'heure qu'il est, à peine viennent d'expirer pour huit cents retardataires les derniers délais tout remplis d'apprêts définitifs, de défaillances soudaines, d'espoirs étouffants, de naïves supercheries vis-à-vis de soi-même ou d'un cercle d'amis.

D'abord, il est admis par les plus expérimentés qu'un succès dans la grande épreuve du Salon est toujours plus ou moins un numéro gagnant à la loterie : — non qu'il faille s'en prendre exclusivement au goût capricieux du public, aux décisions arbitraires du jury (l'un et l'autre n'y ont qu'une part), mais parce que mille raisons font tâtonner l'artiste jusqu'au dernier jour dans une demi-obscurité où toutes les illusions sont possibles.

On en a vu de mémorables exemples.

De ces mille raisons en veut-on quelques-unes ?

L'œuvre à rêver, le thème à choisir devrait, autant que possible, se rattacher au courant des idées en vogue. Or, plus le producteur est sincère, plus il vit absorbé dans le monde intime de ses conceptions; plus il risque aussi d'oublier la direction du courant extérieur. Il lui reste une chance : c'est d'être doué d'une de ces organisations impérieuses qui, lorsqu'elles se rencontrent à rebours avec le public, lui font faire volte-face.

Le sujet choisi, vient l'exécution; mais, à notre époque, l'art par principes n'est qu'un risible enfantillage. Les anciens maîtres, tout en demeurant plus savants à coup sûr que l'école moderne, n'offrent que peu ou point d'enseignements pour traduire des sensations qu'on ne soupçonnait même pas de leur temps; il faut, en conséquence, se creuser l'œil et le cerveau, inventer de nouveaux procédés pour des intentions nouvelles; et cela, dans les réduits les plus divers : dans un atelier sombre, dans un autre à reflets, dans un musée, dans un semi-boudoir, dans un grenier. On n'en finirait pas d'énumérer la variété des retraites où se fait la peinture. S'il est un point de vue auquel le mot *impossible* ne doive pas être rayé du dictionnaire, c'est lorsqu'il s'agit d'un atelier parfait.

Que de causes involontaires d'erreur !

Encore, si c'était tout! Mais la complaisance s'en mêle.

Il existe, à cet effet, dans tous les ateliers, un système insidieux de voiles, de rideaux, de draperies auxquels va se prendre l'artiste, de lui-même, comme la mouche aux toiles d'araignée. Le malheureux! il tamise à son œuvre des jours nacrés, ambrés, prismatiques, de toutes nuances, de tous effets. Dans une heure de solitude, il admire, il caresse de l'œil chairs, terrains, ciels et fonds; la confiance s'établit en lui que le public verra son œuvre comme il la voit à un tel moment. Une légion de démons roses, blonds, émeraude, opalins, vaporeux, cuivrés, étincelants, mystérieux, voltigent devant ses paupières, l'enivrent, l'enlacent, le reprennent le lendemain, la semaine suivante, le conduisent jusqu'au dernier délai dans une contemplation flatteuse de ce qu'il a déjà fait et de ce qu'il ajoute sans cesse; puis il se sépare de son œuvre pour quelques semaines; et durant cette séparation la vision continue et les démons multicolores restent avec lui. Ils le suivent jusqu'à l'heure solennelle de l'Exposition.

Alors les portes s'ouvrent; le rideau de la sauvegarde privée se déchire; la foule vient prendre pâture; la légion s'envole avec un ricanement strident; et le flot de lumière froide des grandes salles, comme une justice distributive, s'étend sur les milliers d'œuvres écloses pendant l'année.

Aujourd'hui que les artistes n'affectent plus de costume excentrique, si, à une ouverture d'Exposition, vous apercevez dans le tourbillon des curieux une figure atone, déconcertée, se traînant sans regard le long des murailles, prête à défaillir, vous aurez reconnu l'auteur de quelqu'une des productions qui vous entourent : l'infortuné ne retrouve plus là pour la toile qu'il a couvée de son amour la précieuse coloration de l'atelier.

Qu'importe! Si terrible que soit l'épreuve, on y revient chaque année avec plus d'animation; et d'ailleurs ces déboires ne sont pas le partage de tous. Bon nombre, au contraire, y remportent de magnifiques triomphes; et ceux-là ont encore plus de hâte de les renouveler que les autres de prendre des revanches.

M. Baudry, par exemple, passé soudainement du rang de brillant écolier à celui de maître, avait obtenu une ovation à l'Exposition de 1857, avec *la Fortune et l'Enfant*; il rentre en lice avec une *Madeleine*. Il possède les séductions de la femme, les pudiques tendresses qui sont nécessaires pour bien rendre le repentir de la pécheresse aimée du Sauveur.

M. Bénouville avait également l'inspiration douée d'une sensibilité exquise; il l'avait précédemment mise à profit pour traiter la fable : *Les deux Pigeons ;* il avait emprunté son sujet, cette année, à l'histoire de *Jeanne d'Arc*. Il l'avait représentée *écoutant des voix dans la campagne de Domrémy*. Rien de plus fin à reproduire dans la vie entière de l'héroïne. Hélas! il n'est personne qui, saisi d'admiration pour l'œuvre, en pourra reporter l'hommage à son auteur: tout est fini pour le pauvre jeune artiste ; il est tombé après sa dernière touche, il y a un mois à peine. La gloire va se continuer pour son nom à un bout de Paris: en saura-t-il rien au Père Lachaise!

Ces deux élégants représentants du classicisme rigide arrivaient, cette année, sans ombre de mentor. L'Institut, qu'un mauvais bruit voudrait faire passer pour une ménagerie peuplée de lions et de caniches, leur avait encore précédemment détaché M. Robert-Fleury — un vrai lion, celui-là, qui avait superbement rugi. — Mais c'était le dernier émissaire de la compagnie immortelle; il n'en reparaîtra plus. Les pères conscrits s'ossifient sur leurs chaises curules; ils deviennent d'ivoire comme elles : un Gaulois peut venir leur tirer la barbe comme à ce vieux du sénat du temps de Coriolan.

Quelqu'un de plus ancien qu'eux (rien moins qu'un citoyen de Pompeï), jeune cependant, plein de verve et de séve, c'est M. Gérôme : tout confus de son succès emprunté au carnaval de Paris, il s'en est retourné à toutes jambes dans sa patrie antique : il met la dernière main à la *Mort de César;* le dictateur expirant pardonne à M. Gérôme d'avoir illustré de la même manière la *Mort de Pierrot*. On attend encore du même peintre un *Roi Candaule* et plusieurs tableaux d'archéologue.

De M. Couture simple mention pour mémoire. Les journaux, il est vrai, annoncent son *Baptême*, mais n'est-ce pas encore un leurre? ou bien, l'œuvre qui doit ranimer dans le public un enthousiasme à jeun depuis l'*Orgie romaine*, la seconde œuvre de sa vie d'artiste, cesserait-elle d'être, comme le dictionnaire de l'Académie, du nombre des choses qui ne s'achèvent jamais ?

L'écho des fusillades de Crimée se prolongera fortement aux prochaines assises de l'art.

M. Yvon, le peintre que la France retrouve tous les trente ans pour célèbrer en chef ses victoires, termine un immense *Malakoff*.

M. Barrias, revenu de l'expédition des Argonautes à la porte de M. Millaud, finit un *Débarquement des troupes à Balaklava*. — Toile de vingt pieds.

M. Protais, lui aussi, commente le mémorable bulletin de *Malakoff;* mais il ne faut pas attendre de lui l'une de ces œuvres de triomphe où tout est fanfare et lauriers : M. Protais n'est pas un héros, c'est un penseur. Il se transporte en personne, d'un pas grave et triste, sur un champ de bataille : il y étudie *de visu* l'horreur d'une de ces amputations de l'humanité ; puis il revient sur sa toile, couverte d'un crêpe, faire heurter deux nuées de cent mille hommes en murmurant à part soi : *Sic pereunt!*

Enfin M. Tabar, de son côté, prépare des épisodes de Crimée : mais M. Tabar est doué d'une de ces organisations indociles pour qui tout n'est que prétexte à prestigieux effets de silhouettes, de lignes ou de lumière : il ne faut pas lui demander de s'en tenir scrupuleusement à la lettre des récits.

Cela est-il beau, le rude costume du troupier de diverses armes ? son allure à la fois si simple et si déterminée ? sans doute ! C'est intéressant d'opposition et d'harmonie au possible, les verts d'une prairie, les pantalons rouges, et les chemises écrues des fils de la charrue, fine fleur des régiments, revenant par circonstance à leurs anciennes occupations rustiques ! Vite donc un tableau de *Fourrageurs* : habit bas ; pleine lumière ; de pesants chars de foin dans la plaine ; et l'on tiraille à l'horizon !

C'est aussi d'un saisissant effet, les langues flamboyantes d'un incendie éloigné, avec les demi-ténèbres du petit jour pour y conduire des colonnes pressées : elles vont y tuer ou y mourir. — Plus d'un pied glisse : c'est, sur le sol, l'humidité de la nuit ; c'est aussi la rosée de sang d'un combat de la veille ; cela s'intitule : *Attaque d'avant-garde.*

Au surplus, qu'on ne suppose pas que M. Tabar s'enferme exclusivement dans cet ordre de sujets. Si la palette de la guerre est riche, celle de l'amour ne lui cède en rien ; et la terre, cette mère commune, si splendide dans ses atours de fertilité luxuriante ou de stérilité superbe, étale une poésie à laquelle le jeune peintre ne se soustrait pas : il modèle dans la lumière des jeunes filles comme en rêvait Prudhon ; il déchire de la brosse des terrains abruptes d'où semble s'exhaler la senteur des sols vierges.

Tout cela, gens de guerre, type d'amour, site sauvage, carnage, rêverie, solitude, tout est conçu par une âme forte, exécuté par une main ferme et souple. Cela dénote une personnalité brillante qui croîtra dans l'art jusqu'à y atteindre sûrement un des premiers rangs.

La peinture d'histoire s'attaque à tous les temps.

M. Gigoux évoque un des lugubres *Episodes de la Terreur*.

M. Mazerolles reprend, lui millième, la figure fantastique de *Néron*. Quel cerveau, où brille quelque flamme, qui ne soit pas hanté de cette vision ?

Néron !... Don Juan !...

..... Il n'est pas de poëte
Qui ne l'ait soulevé dans son cœur ou sa tête,
Et, pour l'avoir tenté, n'en soit resté plus grand.

L'un a révélé un vaste côté de l'amour, l'autre a inventé le nom d'*artiste* : — *Qualis* ARTIFEX *perco !*

M. Mazerolles est une nature bouillante : — sa façon de concevoir, sa facture en témoignent ; — laborieuse : — il suffit en même temps à d'importantes décorations du Louvre, auxquelles il n'attache pas son nom, et à des œuvres qui doivent assurer sa réputation personnelle. Une autre toile du même peintre est une *Jézabel* « que des chiens dévorants... » Il est désirable que M. Mazerolles ait pu la joindre au *Néron*. Ce n'est pas gai, mais c'est une enragée peinture.

En contraste de cette fougue, le talent de M. Meynier s'offre pur, chaste et noble. Son sujet est *le Christ sur la montagne* ; son guide, la muse grecque fondue dans l'inspiration chrétienne.

Quant à la peinture de genre, elle compte au premier rang M. Hébert, le Léopold Robert de la génération actuelle ; poëte et coloriste comme le premier ne le fut jamais. M. Hébert prépare des *Femmes à la fontaine de Cervara* qui pourraient bien rencontrer le succès de la *Malaria*.

M. Chaplin, avec MM. Baudry et Ricard, tient tellement le haut pavé dans la voie du portrait *artistique*, que cette supériorité pourrait suffire à illustrer son nom. Il n'en compose pas moins, en dehors de cela, des figures d'une suavité toujours exquise; on attend de lui une *Astronomie* et les *Roses d'automne*.

M. Ricard s'en tient au portrait; mais il y est un si vaillant athlète! Il termine un *Portrait du jeune prince Demidoff*, en burnous blanc, qui attirera particulièrement l'attention. Il faut citer, en outre, les *Portraits de M. le président Troplong, de M. Blount et d'une dame*, tous trois remarquablement beaux.

On annonce aussi un beau portrait de femme de M. Müller.

Du nombre encore des portraitistes qui vengent l'art offensé par trop de succès bourgeois est M. Joseph Tourny. Le temps lui aura-t-il permis d'envoyer un *Portrait du pape* qu'on attendait de lui? Cette œuvre serait accompagnée d'un autre portrait de M. Yriarte (un jeune artiste qu'il eût convenu de voir compter pour autre chose que pour son visage à l'Exposition de 1859). Cette dernière toile de M. Tourny est un prodige de modelé et de fini.

Et M. Courbet? et le réalisme?... Distinguons : M. Courbet, dit-on, est en Allemagne; d'où il pourrait s'ensuivre éclipse de *réalisme Courbet*; mais rien que de celui-là, entendons-nous bien.

Il y a quelques années, à la faveur de la réaction soulevée dans l'art contre les abus d'imagination qui étaient, eux-mêmes, une réaction contre le pédantisme classique, un néologisme a poussé, et, compte fait, il pourrait bien avoir un sens ; fortune rare parmi les néologismes ! *Réalisme* (c'est le mot) pourrait bien vouloir dire : application à reproduire les choses ou les êtres de la nature suivant les conditions physiques et physiologiques qui leur sont propres, et non suivant des conventions qui rendent leur représentation fausse, méconnaissable ou absurde ; recherche de la poésie et de l'effet dans le cercle exclusif de la logique et de l'observation. Le réalisme se réduirait donc à être l'opposé du *chic*. Partant de ce point, ni théâtral, ni monstrueux, ni affecté de sensiblerie, ni mièvre, ni de dessin abstrait de la couleur, ni de couleur abstraite du dessin, tel serait l'art réaliste.

Notez que cela ne peut l'empêcher, en aucune façon, d'être ingénieux ou sot, plat ou sublime, aimable ou grossier. Ainsi défini, plus d'un partisan lui est acquis ; et peut-être qu'en rencontrant à l'Exposition prochaine le réalisme ingénieux, le sublime ou l'aimable, on pourra se consoler de n'y pas rencontrer le réalisme de M. Courbet, s'il doit y manquer.

Celui de M. Millet n'y manquera pas, et, avec lui, la preuve que de l'observation consciencieuse des scènes et des personnages les plus humbles, il résulte une émotion profonde, contagieuse même pour un monde railleur et frivole, encore qu'il ne s'agisse que de la greffe d'un sauvageon, d'une poignée de grain confiée à toute volée au sillon, de quelques épis patiemment glanés, ou, comme cette année, de quelque bête luisante, haut cornue, bonne laitière, et qui se sait l'amie de qui la trait : douces bêtes et gens simples !

Un souffle de la Bible a passé dans l'âme de M. Millet.

C'est réalisme encore le talent de M. Luminais ; le plus vif, le plus naïvement malicieux ; tout d'equipées et d'escapades. Que de petits vauriens lui doivent déjà le jour! qui, vidant les burettes de la sacristie; qui, s'égosillant au lutrin; culottes déchirées par-ci, têtes fendues par-là. Cette année ils ont atteint l'âge de raison; c'est-à-dire l'âge où l'on va au cabaret et où l'on s'explique entre camarades sur un coup douteux de piquet; il se trouve des goulots de bouteilles sous la main, dame! c'est pour s'en servir : *Chaude affaire!*

Mais toute la famille n'a pas autant grandi; il reste des marmots pour pratiquer l'honnête métier de *Ramasseurs d'épaves*. Voyez-vous d'ici toute la bande s'abattant sur la malle d'une actrice apportée par la dernière marée? les masques, les éventails, le satin, la boîte à mouches! Oh! le bon usage qu'en font Fifine et Nini!

A travers cette espièglerie de motifs, de physionomies, perce une sincérité dans la façon de voir et de rendre, qui fait du talent de M. Luminais tout autre chose qu'un jeu. C'est essentiellement humain, et c'est un hommage plein de finesse rendu au caractère et aux mœurs de la Bretagne; car il y place toujours ses sujets en plein cœur. Cette gaieté à longue crinière, à poumons de buffle, armoricaine enfin, ne serait-elle pas le véritable antidote de la gaieté frelatée du théâtre?...

M. Guérard est, à un certain point de vue, le disciple de M. Luminais. Ce jeune peintre exposera cette année une *Messe* et une *Fête de moisson* en Bretagne : deux charmantes toiles.

M. Breton, bien que doué d'un sentiment des plus personnels, n'est point sans parenté avec les noms qui précèdent; il se rapproche de M. Millet par sa candeur, par le caractère agreste de ses motifs ; de M. Luminais, par le côté épisodique de ses compositions; mais à l'un il n'emprunte pas quelque chose de synthétique et d'absolu ; à l'autre un mordant qui retient l'attention après l'avoir attirée. Ceci et cela se remplacent chez M. Breton par la jeunesse et l'humeur facile. Son premier tableau de cette année représente DES *Glaneuses*. Chez M. Millet ce serait LES *Glaneuses*, le prototype de toutes celles qui peuvent exister. Chez M. Luminais ce serait Claudine ou Babet. Le second tableau de M. Breton est un *Calvaire* qui a été, avec le *Saint Sébastien* de M. Tabar, le succès capital de la récente exposition d'Anvers.

Dans d'autres sentiers du genre, l'esprit va à la recherche de quelques notabilités.

M. Hamon : point de nouvelles ; sa peinture est au secret. Instruirait-on son procès sur ses méfaits passés ?

M. Rodolphe Boulanger peint des scènes arabes d'une façon très-réussie.

M. Guillaume, un tout jeune peintre, benjamin du succès dès ses débuts, retrace un *Voyage d'Aragonais aux eaux de Penticosa;* parmi les malades, un jeune homme à pied, enveloppé d'une couverture, le front ceint d'un mouchoir rouge, est particulièrement d'un bel aspect.

M. Harpignies, à qui peut-être a poussé la fantaisie de prendre rang de peintre militaire, aborde résolûment le troupier ; mais, retenu par son humeur joviale, il ne le conduit qu'au prochain hameau où son passage met tout en émoi.

M. Heilbuth prépare un tableau de moines d'un grand arrangement.

Quelques mots, enfin, d'un genre d'irritante mémoire dont M. Meissonnier a été le *patron malgré lui*. Beaucoup de mouches, déposant tour à tour leurs taches sur des surfaces de quelques pouces carrés, pourraient en être déclarées les auteurs. C'est l'ineptie se faisant microscopique pour échapper à l'examen. Qu'est-ce que cela pourrait avoir de commun avec M. Meissonnier, l'excellent peintre des toiles de grandeur naturelle regardées par le petit bout de la lorgnette? *Bobêchon* est le terme consacré pour ce genre dans les ateliers... où il ne se fait pas. Dieu merci, son étoile a commencé à pâlir en France. Il exploite actuellement la Hollande et l'Angleterre ; puisse-t-il n'en jamais revenir !

Dans la peinture d'animaux deux noms se détachent à faire pâlir tous les autres.

M. Troyon : l'ampleur de sa facture et de sa ligne, la vibration de toute son œuvre, la blonde lumière dont il a su l'inonder, l'air qu'il y fait circuler et qui enveloppe tous les détails, font que, déjà si ample, si vibrant, si lumineux, si respirant dans ses toiles précédentes, il apparaît présentement comme un peintre nouveau qui distance l'ancien d'un étourdissant progrès. C'est, telle que pouvait l'entreprendre le génie, la réfutation des pronostics de déclin qui s'assemblaient déjà contre lui pour quelques concessions momentanées au faux goût des marchands. Pour le thème qu'il a traité : des animaux, des terrains mouvementés, de grands arbres.

M. Palizzi : qualités plus rudes, facture plus violente, effet grandiose, bétail superbe; espace : un département.

Le paysage s'annonce avec un éclat exceptionnel.

Premièrement, M. Corot emprunte une admirable composition aux premiers vers de l'*Enfer du Dante*. Tout le monde se souvient de ce ravin fantastique où s'était endormi l'exilé de Florence, et où vint le trouver Virgile ; de ce ravin si étrangement peuplé, et dont Rivarol ne comprenait pas l'allégorie. Parbleu ! Rivarol était un pédant ; c'était un poëte qu'il fallait pour l'expliquer ! Heureusement M. Corot s'est trouvé là.

On ne se rendra bien compte que dans quelques années de l'utile dévouement de cette haute personnalité envers l'art contemporain. Seul, et méconnu une partie de sa vie, M. Corot a lutté en faveur de l'idée élevée transmise par le paysage ; il a saturé ses toiles de méditation et de songe ; il y a fait déborder l'émotion des plus hautes régions de l'âme ; et enfin, aujourd'hui qu'on revient d'un naturisme obtus, d'un naturisme qui n'en est pas un (la caparace prise pour l'animal), son triomphe est encore bien incomplet, sans doute, mais il a vaincu. Il compte des imitateurs, et dans un certain temps toute autre voie que la sienne sera devenue bouffonne en paysage.

M. Daubigny, lui, s'est-il avisé jamais de lutte à quelque moment de sa carrière? A-t-il défendu au prix de tourments quelque vérité méconnue de l'art? Il est permis d'en douter. M. Daubigny s'est élevé au degré de réputation où il a monté, comme ces tranquilles vapeurs qui s'éloignent de la surface des eaux à mesure que la chaleur du jour augmente. Pas un trouble, pas un froissement peut-être dans cette destinée artistique ; humble et obscur, il l'a été, il le serait resté sans dépit s'il en eût dû être ainsi. La placidité de sa nature, qui se reflétait dans ses œuvres, lui conciliait un nombre sans cesse grossissant de sympathies ; il a été porté haut, plus haut, plus haut encore. Qu'a-t-il fait pour son succès ? rien, que de se laisser être heureux et de le peindre. Que l'on dise qu'il ne fait pas de soleil, que sa lumière est diffuse, non brillante, qui s'en embarrassera ? S'il en est ainsi, c'est que sans doute plus d'éclat eût blessé les yeux, eût empêché de contempler aussi amplement, aussi à l'aise, les arbres fleuris de ce verger, ces seigles indolemment bercés par la molle pression de l'air. De même, plus de bruit au bord de cette mare n'eût pas permis d'entendre absolument, pour seule musique, pour unique mélopée, le bourdonnement des insectes aquatiques qui double le silence et enivre de repos.

L'exposition de M. Daubigny, cette année, est très-importante : elle se compose de plusieurs toiles d'une grande dimension et d'une exécution poussée très-loin.

A ceux auxquels il ne faut rien moins que la lumière flamboyante qui noie les motifs, dissout les effets, disperse les génies moqueurs ou plaintifs de l'aube ou du crépuscule ; à ceux que réjouissent la plante ou le sol effrités, le mur éblouissant, la nature torride, la soif, la caravane exténuée, l'immensité étouffante du désert, M. Fromentin dévoile son Orient merveilleux. Peintre et écrivain, ses descriptions du Sahara ont eu des lecteurs enthousiastes qu'il ramène en spectateurs devant une *Danse de nègres* et une *Réception de chefs arabes.* La brosse reprend la tâche de la plume, et, récit ou tableau, c'est toujours le même déluge d'étincelles. Le soleil est, chez M. Fromentin, une passion qui veut être traduite par tous les moyens; la lumière est sa maîtresse ; mais furibonde, effrénée, elle a des baisers qui tordent, et l'inclémente traite l'artiste comme le papillon, son autre amant : elle brûle les yeux à l'un comme à l'autre les ailes. Dieu merci, il ne s'est agi pour M. Fromentin que d'un mal de quelques mois qui, actuellement, se dissipe.

Sur ses traces s'élancent vers les régions incandescentes :

M. Belly : à peine à une demi-longueur, comme on dirait au sport.

Moins près, M. Théodore Frère : en dépit de ses précieuses qualités, quelque chose de vieillot et de convenu le retarde ; un soupçon du jaune d'œuf de M. Eugène Flandin.

Enfin M. Berchère, qui va aussi de ce côté sans vouloir suivre personne : fortement impressionné, orageux, M. Berchère étudie de préférence le désert par ses côtés les plus rudes, par ses emportements, ses colères. On remarquera particulièrement de lui, cette année, nn *Simoun* d'un aspect saisissant.

M. Saltzmann se range de l'avis d'Horace :

Vacuum Tibur placet aut imbelle Tarentum.

La solitude de Tivoli, les agréments de Tarente, la campagne de Rome, la promenade du Poussin, voilà son élément.

Ses *Nouvelles vues d'Italie* ne peuvent manquer d'être très-favorablement accueillies.

Mais le nom du Poussin évoque la pensée de M. Villevieille : ce jeune peintre perçoit des arbres, des terrains, des eaux, des collines, comme Poussin percevait lui-même, non l'idylle ou le propos rustique qu'on leur demande communément, mais l'élégie majestueuse, le grave souvenir du passé, la parole prophétique, le langage des montagnes d'Arcadie, des chênes de Dodone, des sables d'Ammon, des plages d'Epidaure, de l'antre de Trophonius. Et M. Villevieille n'a pas été poussé dans cette voie par les livres ou par les vieux maîtres : il y est allé de son propre tempérament, libre de système, attiré par la simple contemplation de la nature. Il est, ainsi que M. Corot, du nombre infiniment petit de ceux qui saisissent naïvement le sens épique du paysage; vrais, bien que savants et possédant le style. Autre chose est d'appliquer les prétendus principes du paysage historique, *id est*, retourner sans saisissement, sans foi, les beautés découvertes d'inspiration par les anciens; autre chose de ne prendre exemple sur eux que pour égaler sa sincérité à la leur. A eux leur manière, à chaque individualité nouvelle la sienne. C'est à ce prix qu'une heure de clarté, illuminant les bois, les sentiers, les cours d'eau et les pentes, traverse les temps, émeut tour à tour les générations qui se remplacent, bien que depuis des milliers d'années le lever et le coucher du soleil n'interrompent jamais un intarissable renouvellement de surprises.

Ceci soit entendu surtout pour la plus grande des trois toiles que M. Villevieille exposera cette année : *Mélancolie.*

La récente venue d'un tout jeune homme, M. Flahaut, dans les rangs des peintres de conscience et d'idées, ne doit pas l'empêcher de se placer dans le voisinage de M. Villevieille, et de s'appliquer une part des réflexions précédentes. De simples études, prises à Bougival, lui ont suffi à faire preuve de style et de largeur. Il a su dégager la grande silhouette d'une *Masse d'arbres,* l'harmonie brillante d'un *Bord de rivière*, devant lesquels tout le monde avait passé indifférent. Il a le double mérite d'avoir vu ce que d'autres ne voyaient pas, d'avoir trouvé l'impression sur un terrain rebattu.

Il est fréquent d'entendre les vétérans du métier regretter, au sein de leur expérience. l'heureuse hardiesse de leurs débuts. On peut sincèrement souhaiter à M. Flahaut de n'être pas abandonné plus tard de celle qui va le faire distinguer cette année.

« Spirituel, industrieux, imperturbable, *artiste* enfin dans le sens spécial que les Génevois attachent à ce mot, » dit quelque part Ch. Nodier.

M. Baudit est Génevois, élève de M. Diday.

M. Diday, le maître de M. Calame!

De désespoir, l'école suisse, entourée d'un panorama écrasant, d'un ensemble qui lui échappe, en approfondit l'anatomie avec une conscience incroyable : plantes, terrains, rochers, sont pour elle des objets d'une étude poussée au scrupule scientifique; et, en effet, les de Candolle et les de Saussure n'y trouvent point à reprendre. A cela que gagnent les œuvres?... de paraître sèches, minutieuses, sans air, sans enveloppe... quoi encore? de lutter de précision avec l'horlogerie du pays. Qu'on juge de ce que doit être l'enseignement dans une telle école! de quelle tyrannie involontaire les maîtres doivent peser sur l'écolier! Mais aussi, qu'on suppose cet écolier s'évadant, après plusieurs années de ce joug, et gagnant à toutes jambes les régions de l'art libre : où se trouvera le moins fantaisiste des élèves de l'Institut pour oser affronter le bagage de connaissances fastidieusement acquises du transfuge? Si ce dernier passe alors avec des sens subtils et de l'ingénuité aux fêtes de la lumière, de la couleur et de la composition, il conservera à jamais un avantage unique dont la seule contrainte pouvait le doter.

C'est ce qui est arrivé pour M. Baudit, le compatriote de Toppfer, auquel il fait penser.

M. Baudit, songeant aux Alpes sourcilleuses qu'il a désertées, dirait volontiers, en parodiant un vers de Virgile :

..... Paulò *minora* canamus.

Peignons quelque chose d'un peu moins grand, s'il vous plaît; et surtout peignons grassement, souplement, d'une façon vibrante, homogène. Il ne saurait déplaire à la bonhomie de ce jeune peintre de compter les arpents d'un pâturage, de s'arrêter à la cabane d'un pauvre ou d'un malade, de deviser d'agronomie avec un cultivateur, et toujours d'entasser pêle-mêle rêves et notions dans sa gibecière encyclopédique.

M. Baudit expose deux toiles cette année : un *Viatique*, chef-d'œuvre de tristesse ; un *Pâturage en Bretagne*, plein de fraîcheur matinale.

Une rumeur vague prête à M. Français une conduite mystérieuse. Dans un atelier du marchand de tableaux Desforges, il se serait soustrait à toute inquisition amicale ou autre ; là, il aurait secoué le joug de son admiration pour M. Troyon, qui l'avait entraîné temporairement à abdiquer sa première manière, et il serait revenu, dans un important paysage, à la sveltesse, à la flexibilité, à une certaine tournure effilée et pimpante, qui sont véritablement de son ressort, comme la tournure colossale est du ressort de son illustre ami. Bon retour! vont lui dire (si le fait est vrai) les hautes futaies, les baliveaux élancés, les châtaigniers aux troncs minces, les branchages déliés, les fusées de verdure. Bon retour! lui diront aussi les nombreux amateurs de son talent; car un artiste de la valeur de M. Français ne rentre jamais de la fausse route dans la bonne sans rapporter quelque découverte qui lui fait faire un progrès sérieux.

M. Blin fait chanter dans ses paysages la gamme des tons les plus clairs et les plus gais ; sous une enveloppe perlée comme l'aube, il marie à la solidité d'exécution un frisottement de touches, une légèreté de détails qui font d'une simple *Route à travers une plaine* comme un pépiement universel d'oiseaux au printemps.

Printemps est précisément le titre qu'a donné M. Nazon à son œuvre nouvelle : des amours aux pieds rosés, aux ailes d'opale; des fontaines, des rochers, des bocages qui sont autant de formes trompeuses de nymphes, de faunes et d'hamadryades; des chœurs de danses, une lumière tamisée, vaporeuse, comme l'aiment les divinités et les poëtes; toutes les illusions argentines, tremblotantes, suspendues, au travers desquelles l'imagination se glisse pour oublier quelques instants la lourdeur pénible de la machine humaine; tout cela, redoublant de mobilité, de confusion charmante, d'allégresse, pour fêter l'arrivée du printemps, l'hôte impatiemment attendu : voilà la toile de M. Nazon. Mais que vont dire les bourgeois de ces formes qui ne rappellent ni madame ni son petit dernier ? de cette végétation qui n'a point sa pareille à Asnières, ni à Clamart ?

Au rebours du peintre mythologique, M. Busson a choisi son motif dans les landes de Gascogne, si longtemps misérables et piteuses, et dans lesquelles, à cette heure, c'est la civilisation matérielle, positive, qui fait éclater des métamorphoses étonnantes, soudaines, merveilleuses.

Les *Pignadas* de M. Busson sont pittoresquement traitées.

M. Anastasi a envoyé, assure-t-on, une *Vue de lac dans le Tyrol*. Il y aura du bien à dire de cet ouvrage, si M. Anastasi, renonçant à la Hollande, a délaissé du même coup les tons acides, crus, lourds, noirs, les maigreurs, les détails sortant du tableau, les lumières discordantes, qu'à l'inverse de M. Jonking il avait cru observer dans la patrie de Ruysdaël ; si plutôt il a voulu se souvenir de la tonalité ambrée, de la forme ténue, correcte, précise, qu'il possédait il y a dix ans et qu'il ne peut avoir définitivement perdue, à moins d'une décadence prématurée.

Parmi les marines, on remarquera un superbe *Incen-*

die de l'Austria, par M. Isabey, et deux toiles de M. Galletti qui sont de véritables Van de Velde.

Le *Bertrand et Raton* (grande nature morte) continuera à M. Monginot sa réputation de peintre original, de coloriste brillant, d'exécutant robuste.

Franchement, ce ne peut être de M. Couture qu'il tient cela !

Les principaux envois de la sculpture seront :

Plusieurs marbres et bronzes reproduisant desœu vres déjà exposées.

Le groupe *Zénobie*, de M. Marcelin, marbre ; la *Chute des feuilles*, de M. Schroder, marbre ; le *Faucheur*, de M. Gumery ; le *Semeur d'ivraie*, de M. Vallette ; l'*Enfant sautant par-dessus une borne*, de M. Clère ; ces trois dernières œuvres en bronze.

Cinq *Sapho*, de MM. Clésinger, Travaux, Loison, Grabouski et N..., sans compter celle que M. de Belloy a fait représenter à l'Odéon. Est-ce assez comme cela d'honneurs rendus à l'amoureuse Lesbienne ?

Une *Eve*, plâtre de M. Thomas.

La *Statue de M. Visconti* pour son tombeau, par M. Leharivel.

La *Mort de Desaix*, groupe par M. Carrier.

Un *Saint Sébastien*, de M. Béquet.

Une *Malaria* (enfant mourant sur les genoux de sa mère), de M. Durand.

De M. Millet, un *Mercure* en plâtre, une *Statuette de Mme Violet-Leduc* et un *Buste de M. Petroz*.

De M. Guiton, un *Buste de femme espagnole* coiffée d'un réseau.

A cette énumération variée des richesses artistiques, il faudrait joindre encore celles des œuvres de l'école anglaise. Nos voisins d'outre-Manche se sont bien trouvés de la visite de cérémonie qu'ils nous avaient faite en 1855; ils reviennent en intimes; à la bonne heure! Cette survenance pourra peut-être provoquer une addition à la quantité des récompenses honorifiques qui sont bien le résultat le plus ambitionné de l'Exposition. Cette quantité n'est plus en rapport avec le nombre toujours croissant des exposants de mérite. Il résulterait, ce semble, un avantage plus appréciable du rétablissement de la proportion que de la création d'une loterie qu'il est question de combiner avec le prix d'entrée.

Dans quel but cette loterie? A quel propos jeter à la fortune des numéros gagnants les œuvres destinées par leurs auteurs à des regards choisis et exercés? Est-ce qu'on ne se soucierait plus de préserver l'art d'aussi indignes ballottements? Aurait-on résolu de lui retrancher les subsides qui l'aident à soutenir son niveau?

Point que l'on sache; les commandes pour les musées, les décorations de palais se distribuent plus abondamment que jamais.

D'ailleurs, qu'est-ce que l'Exposition? secondairement une occasion de vente, c'est possible; mais une exhibition de bazar! fi donc! L'institution grâce à laquelle des périodes calamiteuses, des temps de marasme, des crises terribles ont pu être victorieusement traversées par la masse des talents dont le pays est orgueilleux! l'institution qui a manqué à l'Italie pour empêcher le feu sacré de s'y éteindre! nous ne lui conserverions pas précieusement parmi nous son ascendant et sa dignité! Des honneurs, de nobles encouragements pour elle, s'il se peut; mais, de grâce! pas de gros sous.

Ces lignes, qui ne répondent peut-être qu'imparfaitement à leur titre, sont du moins le manifeste auquel un certain nombre de lecteurs peuvent se rattacher par conformité de sympathies et de répugnances. S'il leur plaît d'en trouver le développement et l'application étendue, ils pourront lire la revue critique du Salon que nous ferons paraître après l'ouverture.

Mais quelles sont ces voix, nasillardes comme celles des croupiers de la roulette? C'est l'examen qui commence (une variante de Bade) : ici le joueur a pour lui la compétence des juges qui ne trébuche qu'à l'appréciation des qualités qu'ils n'ont pas, et leur loyauté dont on ne peut douter; contre lui, les préoccupations étrangères, la controverse, la fatigue, la migraine, mille autres infirmités dont une seule suffit à mettre en désarroi l'infaillibilité d'un académicien.

Ecoutez :

— Rien ne va plus ! Rouge perd ! Couleur gagne !

Ce n'est pas cela.

— Faites passer ! Aux voix ! Admis ! Refusé ! A d'autres !...

Que Dieu reconnaisse les siens !

www.ingramcontent.com/pod-product-compliance
Ingram Content Group UK Ltd.
Pitfield, Milton Keynes, MK11 3LW, UK
UKHW020536180726
13839UKWH00006B/2539

9 782329 564791